もくじ

キャラクターしょうかい …… 4

この本のつかい方・ちゅうい …… 10

1章 つかいやすさMAX!?
みのまわりおやじギャグ …… 17

2章 うまさMAX!?
食べものおやじギャグ …… 73

3章 ワイルドさMAX!? いきものおやじギャグ …… 109

4章 プロフェッショナルおやじギャグ …… 141

5章 スケールMAX!? 大ぼうけんおやじギャグ …… 185

キャラクターしょうかい

いたをズラす いたずら……

たびすがた

かいけつゾロリ

いたずらの王者をめざして、弟子のイシシ・ノシシといっしょにたびをつづけるキツネ。しっぱいしてもいつも前むきで、へんそうとはつめいがとくい。

ノシシはものしり
…じゃないだ

イシシ

ゾロリをそんけいするふたごのイノシシの兄。兄弟そろって食いしんぼう。あんパンとメロンパンが大こうぶつ。

イシシにおかえし
しなきゃだ

ノシシ

イシシの弟で、ゾロリといっしょにたびをしている。すきな食べものはおにぎり。右のほっぺにほくろがあるよ。

キャラクターしょうかい

つかれたときは
せのびーっと！

ビート

どんなことにも全力な「なんでもや」さんのねっけつ少年。指名手配されているゾロリをおいかけている。

はい？
なんかようかい？

ようかい学校の先生

ようかいたちにこわがらせ方を教える学校の先生。こまったことがあると、たびたびゾロリにたすけをもとめてくる。

ブルル

わしがやくそくを
やぶるる…？

お金もうけのことばかり考えているブルル食品の社長。ずるがしこくて、とてもケチ。

コブル

ぶつけてできた
たんコブル

ブルルのひしょ。いつもブルルとわるだくみをしている。

タイガー

めちゃくちゃ
あばれタイガー！

ゾロリたちのじゃまばかりしているわるいかいぞく。左手にはどうぐやぶきがしこんである。

キャラクターしょうかい

「まほうを おしえまほうか？」

ネリー

まほう学校に通うハリネズミの女の子。ゾロリといっしょにたびをしていたこともある。お花のまほうをつかうことができるよ。

「ドジぱかりで どーじょう」

「バラはバラバラでも きれいなのよ」

ローズ

とあるそしきのスパイ。れいせいちんちゃくで、どんなにんむもかんぺきにこなす。

ルドジ

ローズのこうはいのスパイ。おっちょこちょいで、ドジをすることが多い。

「おやじギャグは まあまあすきよ」

ゾロリママ

天国(てんごく)にいるゾロリのママ。ゆうれいになってゾロリたちのことを見(み)まもっている。

「はらからわらえる おやじギャグがあるかな?」

原(はら)ゆたか

「かいけつゾロリ」のげんさくしゃ。ゾロリの本(ほん)にいつもかくれてとうじょうするよ。

この本のつかい方・ちゅうい

ここに書かれているのはルールではありませんが、読んでおくと、もっとこの本がおもしろくなるかもしれません。

こっそり読もう
人前でニヤニヤすると、あやしまれるかもしれません。

さむさに気をつけよう
さむ～い空気になったら、にげだすのもあります。

だれかに言ってみよう
うけるときがあれば、うけないときもあります。

少しずつ読もう
一気に読むと、たいりょうのギャグでぐったりするおそれがあります。

言い方をくふうしよう
言い方しだいでおもしろさがかわることがあります！
書体（文字のかたち）のちがいにちゅうもく！
👉 くわしくはつぎのページから！

「さむ～いおやじギャグでかぜひいちゃうだか」

「ひとりで読んでたらついついニヒニヒしちゃったぜ」

こんな言い方してみよう①

力強く！

元気よく、大きな声で言うのがぴったりのおやじギャグ。パワーでしょうぶ！いきおいでごまかすんだ！

- 父さんは通さん
- おならをならう
- サバンナでさぼんな
- しゅぎょい修行した
- マッチョがまっちょる

こんな言い方してみよう②

ささやくように…

- 地下が近い
- 魔法をつかいまほう
- 卓球したきゅだいじな大臣
- なった
- ナスと話す

小さな声で、つぶやくように、ボソッと言うのがぴったりのおやじギャグだ。やや上級者むけかも？

こんな言い方してみよう③

かなしげに…

ショックでおちこんだように見せかけて言おう。「しんぱいして、そんした」とあきれられるかのうせいもあるぞ。

- 大仏買うのにお金だいぶつかった
- メカがめっかんない
- ちょんまげを超まげる
- ホットケーキはほっとこーよ
- サイボーグのダサい防具

こんな言い方してみよう④

まじめに！

ふざけたことを、大まじめな顔をして言おう。聞きかえされても、はずかしがらないで、しんけんなふりをつらぬくんだ。

- この動画どうがな？
- サメをはさめ
- たしかにカニだ
- スマッシュしまっしゅ
- ショベルカーとしゃべるかー？

こんな言い方してみよう⑤

ゆっくりと…

- ろうかから もどろうか
- バーチャルな ばーちゃん
- パンツのパン つくった
- 課長とガチョウが 超いる
- UFOの天気ゆほう

のんびりした言い方がふさわしいおやじギャグ。あいても聞きやすいので、もしかしたら、一番うける言い方かもしれない。

おやじギャグ じゅんびたいそう5連発

はんにんは
なんにんだー!!

まいったな～
このいた、いったい
いつ切れるんだ?

かれいにカレーを食べるのは
つカレーるんだぜ

せんせ、いじきたないだよ!!
まちがえた、いしきがないだ!!

あったまるどころか
さむ～いって??
本番はこれからだぜ!!
ニヒニヒ

ゾロリの一言って
ひとごとみたいな
ひとりごとだ……

001
ふとんが ふっとんだ

002
ストーブが すっとぶ

北海道はでっかいどー！

003 クラスでくらす

004 はこをはこぶ

いくつはこべば いいだか？

たのむから家に帰ってくれ！

 おやじギャグで日本一しゅう
青森でごはんがおおもり

006
テスト ですと？

005
学校を みがっこう

おやじギャグで日本一しゅう　岩手でたんじょう日いわって

007
机はいつ食える？

008
ナイスなイス

まっても食べられないだよ…

さいこうのすりごこちだぜ！

宮城のおこのみやぎ

あっちに行こうよ

009 ろうかから もどろうか

010 階段の怪談

秋田の秋だ

011 カタカナの書き方かな？

ひらがなかもしれませんよ…

012 クレヨンかしてくれよん

タダではかさんや！

山形の食べものがおいしくてヤバがった

013
マイクで体育

014
カラオケいつからオッケー?

福島の服しましま

015 体操をしたいそう

どうやおすきにするでしゅ

016 マスクをしますく

ヘックション！おれさまにもよこせ

おやじギャグで日本一しゅう　茨城で納豆いばらきまーす！

017 ぼっちゃんが池にボッチャン！

018 はくしゅでハックシュン！

あら？花粉症かしら

ほうきでとんでれば、おちないよ

おやじギャグで日本一しゅう　栃木の土地、気になる

019
おばさまを
おうばあさま

020
おじさまをおう
じいさまと
王子さま

群馬でぐんぐん町に近づく

021
道路を どう売ろう？

022
歩道で なるほどう

何か見つけたのかな

ゾロリちゃんにそうだんしてみたら？

おやじギャグで日本一しゅう　埼玉でさいたマーガレット

023
マフラーでまっふら

024
頭(あたま)があったまる

なにも見えない

あぢ〜

千葉(ちば)の市場(いちば)

027
マンホールに マンボーおる

028
水道管から巣、移動か？

東京は、ええど

029 ビルがのびる

030 てっぺんのペン

神奈川のふりがながわからない

031
しょうばい
商売

032
お金(かね)は おっかねー

わかった！
塩(しお)のせんもん店(てん)だ

ゾロリはお金(かね)でよく
しっぱいするよな

おやじギャグで日本一しゅう
横浜(よこはま)の横(よこ)はば

新潟にいかだで行こう

035 母さんのカサはかさん

まちがえてもっていかないようにしましょう

036 父さんは通さん

つうこうりょうをはらえ！

おやじギャグで日本一しゅう　富山の海と山

037 妹は今ウトウト

しずかにしてた ほうがいいでしゅ

038 巨大なきょうだい

おれさまの なかまになれ！

おやじギャグで日本一しゅう　石川の石かわいい

039
2位三回の兄さんかい？

040
姉さん「ねえ三回？」

福井の服いいね

041 姉妹の話はおしまい

042 いとこのいとこ

え〜、わたしにも聞かせて！

たくさん見つけてなかよくね

山梨でひまなし

044
大仏買うのに
お金だいぶ
つかった

043
ベルを
食べる

長野のれきしに名がのこる

045
シャンプーしながらジャンプー

046
リンスがありんす

ぼくにもかして

あらあら 元気(げんき)いっぱいね

岐阜(ぎふ)からのギフト

047 ステテコはすててこ

048 エアコンの前は混んでる

おやじギャグで日本一しゅう　静岡のちずを買う

049
ドライヤーの とりあいやー

050
タオル またおる

愛知を愛ちてます！

051 はなくそは なくそう

「おいおい、ほじりすぎるなよ」

052 鼻水出て花見ず

「せっかくのお花見なのに…」

おやじギャグで日本一しゅう：名古屋はなごやかなふんいき

053 お花のお話

花がしゃべったら楽しそうだ！

054 竹がたけえ

もっとはたらかないと買えない！

おやじギャグで日本一しゅう： 三重がまる見え

056
海でうみたい

055
滝で見た気がする

滋賀に推しがいる

057
しょうじきな掃除機

058
カーテンに勝てん

おやじギャグで日本一しゅう：京都で今日泊まる

059 電話に出んわ

だいじなれんらくかもしれませんよ

060 トイレに行っといれ

わしのトイレはごうかだぜ

京都生まれの教頭先生

062
スマホを消す魔法

061
この動画どうがな？

大阪でなっとく。おー、そっか！

063 マンガを読まんが？

064 メールを読めーる

もちろん読みたいでしゅ

なんて書いてあったんだ!?

なにはともあれ大阪へ

065 クイズはとくいっす

066 令和の入れ歯

兵庫のヒヨコ

071 おならをならう

ならわなくても
できるんじゃないかしら…

072 おけつでオッケー

口（くち）で言ったほうが
早（はや）いと思（おも）うよ

鳥取（とっとり）のおみやげとっとき

073
地下が近い

074
はくぶつかんの柵ぶつかんないで

島根にある島ね

075 ペットホテルの ペットボトル

ペットのためにふたをあけてくれ！

076 かっこいい過去(か こ)

ゾロリせんせいはいつでもかっこいいだ

おやじギャグで日本一しゅう
岡山(おかやま)でお母(かあ)あやまる

080 そうぞうしい
想像

079 千円で声援ください

おやじギャグで日本一しゅう
山口で買ったがまぐち

081 強そうな予想

たのもしいかんじがしますね

082 予想はよそう

もうけ話なら聞かせてもらおう!

徳島でとくしました

083
乾燥(かんそう)した感想(かんそう)

084
感想(かんそう)はあかんそう

おやじギャグで日本一しゅう 香川(かがわ)にかかわる

085
すげえ むずかしい ゲーム

ぜんぜんクリアできないでしゅ

086
わなげは なげえ

これなら遠く(とお)までなげられる！

おやじギャグで にほんいっ 日本一しゅう

愛媛(えひめ)のええひめさま

087
力士(りき し)の
ねりけし

088
闇夜(やみ よ)に
出(で)かけるのは
やみよう

おやじギャグで日本一しゅう　高知(こうち)はどこ？　こーっちだよー！

089
おハローございます

日本語と英語、りょうほうつかえるの?

090
時計もっとけい

スパイは時間をまもるものよ

福岡で服を買う

091
おらんちのランチ

092
カレンダーを買えんだー

博多までの時間をはかった

094
夏が なつかしい

093
春にはる

おやじギャグで日本一しゅう　佐賀をさがそう

095 秋にあきる

096 冬のさむさにふゆえる

> 紅葉やお月見で、あきないわよ

> そのさむさ、おやじギャグのせいかもね

長崎の長さ気になる

097
東には日がしずまない

日がしずむのは西だぜ！

098
西になにしにきた？

夕日をおいかけてきたんだ

熊本はクマも友だち

100 北から来た

099 南をみな見る

おやじギャグで日本一しゅう 大分でころんで、おーいた！

101 メカが めっかんない

102 ドロンと消えるドローン

「これもゾロリが つくったのか!?」

「ゾロリせんせいの はつめいひん、どこだ?」

おやじギャグで日本一しゅう 宮崎で弓矢さっき買った

103
AI（エーアイ）と いいあい

104
バーチャルな ばーちゃん

鹿児島（かごしま）のかごしまう

105 ツリーで釣りー

106 サンタをはさんだ

わーい

沖縄でつくった大きなわ

107 大晦日におみそ買う

108 小学校に正月こい

わしは行かんぞ

おいしいごはんつくってくださいね

那覇でナハハ

スーパーおやじギャグ 4コマ劇場 その一

映画

わだいのたんてい映画だ〜!!
この映画みようぜ!!

もうすぐはんにんがわかるばめんだ

はんにんは…「エイ」!!おまえだー!!
バレたか!

エイがはんにん?
びっくり!!
映画だけに!!

ぼうけん

そろそろぼうけんに出るか!
おらたちもついてくだ!

おまえたちぼうけんにひつようなモノがわかるか?
なんだか?
え?

ぼうけんにひつようなモノ!!それは……
棒と剣だ!!

なるほど!棒はけわしい道を歩くときにやくだつし 剣はたたかいにつかえるだ!
おやじギャグのつもりだったんだけど……

112
シチュー売り出し中

111
カレーがかれえ

おやじギャグで人体
髪のかみさま

113
アスパラガスは明日から出す

114
モヤシをもやしちゃった

顔のかおり

115
シイタケでかなしいだけ

> おらのぶんの
> シイタケ
> 食べられちゃっただ

116
マツタケをまつだけ

> 高級だから
> 食べたことない!!

おやじギャグで人体: まゆげから「まあ、ゆげ！」

117 肉の にくしみ

118 肉まんは にくまん

まつげがのびるのをまつゲーム

119 焼きにくい焼肉

焼きやすい焼肉をしましょう

120 すてきなステーキ

レストランでもやろうかのう

おやじギャグで人体
ひとみで人見る

123
ぽてっとした
ポテト

124
ほっとくと
とどく
ホットドッグ

 くちびるからひとくちビールのむ

125 おでんのお電話

あつあつだから気をつけて！

あら？とってもおいしいのに

126 みそを見てこなう

おやじギャグで人体　耳がいいミミズ

127 ナスと話す

128 ダイコンがだいこんぶつ

おやじギャグで人体: あごに当たって「あ、ごめん」

130
プリンスも
プリンっす

129
プリンセスの
プリンです

131
ホットケーキは ほっとこーよ

焼きあがるまで、まっててね

132
エクレア こっちへくれあ

いっぱい ください

おやじギャグで人体　かたがかたい

134
ひじに ひじき

133
ひざが ピザ

おやじギャグで人体: うでを買うで

138
パスタはパスだ

137
そばのそばや

おやじギャグで人体　手首をつかったテクビック

141 栗にびっくり

トゲトゲは「イガ」と言います

142 メロンをほめろん

わしが食べるデザートにふされしい

おやじギャグで人体　へそが答えた「へーそう」

144 かなしいナシ

143 イチゴの1号

こしのひっこし

145
キャベツがなきゃべつのにする

146
レタスがとれたっす

 しりはものしり

149 スイカ出すイカ

150 寿司です し

おやじギャグで人体: ひいじいさんのひじ

153
弁当を食べんとう

154
からあげから あげようか？

おやじギャグで人体： つめがつめたい

155
マスカットありますかっと!?

おべんとうに入れといたわよ〜

おしるこが入ってた…

156
スイートな水筒

おやじギャグで人体: 内臓がないぞう

157
タケノコだけのこすな！

158
こんにゃくの婚約指輪

おやじギャグで人体
骨がボーンとのびる

159 豆腐とウフフ

160 なっとくして納豆食う

おいしく料理してくれ！

体にいいことはわかってるだ！

おやじギャグで人体　血液がブラッどたれる

161 きちんとした チキン

162 チキンの キッチン

きちんとしてない のってあるだか？

フライドチキンと てりやきつくるぜ！

おやじギャグで人体：脳はノーコメント

163
エッグい大きさのタマゴ

164
オムライスにはオウムいないっす

心臓がハーっとときめく

165 ビールをあびーる

166 お酒をさける

おやじギャグで人体: 肺がしゃべった「はい」

167
ミカンが見つかんない

168
油はあぶらい

食べちゃったんじゃないですか？

火には近づけるなよ！

おやじギャグで人体　胃がしゃべった「いーですよ」

169 おかしなお菓子

170 チョコのおちょこ

やけに甘いと思ったら、そういうことか！

プルルチョコのことでしゅか…？

おやじギャグで人体: 腸がぜっこうちょう

171
おもちゃの
おもちゃ

172
カスタードが
かすったど！

おやじギャグで人体
肝臓はだいじにしないといかんぞう

174
キャラメルを
からめる

173
くっきりした
クッキー

おやじギャグで人体
腎臓もだいじんそう

175
ジュースおかわり自由っす

ドリンクバーってうれしい！

176
紅茶がこおっちゃう

まさか、おやじギャグのせい？

おやじギャグで人体: すい臓がうすいぞう

178 虫はむし

177 ハエがはえー

ハエたたき もってこい！

そっとしとけば、どこか行くだよ

 おやじギャグでむかしばなし　むかしかかし

179
田(た)んぼの トンボ

180
バッタを しばった

おじいさんは山(やま)でムダばなしばかりしていました

181 鳥にうっとり

182 コンドルがはこんどる

すごくきれいな鳥を見ただ

でっかいからカモありそうだな！

おやじギャグでむかしばなし　おばあさんは川に「ばっちゃーん」とおちました

183 ワンがかわした

184 タカとたたかった

おやじギャグでむかしばなし
太ももぐらいある大きなモモが

185 インコはいいん子

なついてて
かわいいですね

186 フクロウにごくろう

夜のけいびは
まかせたぞ!

おやじギャグでむかしばなし
こんぶ、ラッコ（どんぶらこ）といっしょにながれてきました

かちょう

187
課長と
ガチョウが
超いる

188
ダチョウが
まだ超いる

おやじギャグでむかしばなし
桃太郎が生まれたのって、モモだろう？

193 ウマがうまい

走るのがとくいよね

194 カバのかばん

体が大きいからかばんも大きいの？

おやじギャグでむかしばなし　どっぐとくなせいかくのイヌ

197 ロバのおふろば

198 キツネにはきつめ

> ゾロリ、もっとがんばって

> みんなきれいにしましょうね

おやじギャグでむかしばなし 着物のきじにこだわるキジ

199
シマウマをしまう間

200
サイを見なさい

おやじギャグでむかしばなし
家来になるのはきらいじゃないようです

203 ネコがねこむ

204 カエルが帰る

はやく病院につれていくんだ！

ごはんの時間になっただか？

おやじギャグでむかしばなし
鬼ヶ島では鬼がしまのパンツをはいてます

205 ひるね中のアヒルね

206 あたらしいアザラシ

三匹はドンびきです

207 アシカの足か？

手かもしれないだよ

208 ペンギンのペン、銀色

うそだろ？字が書けるのか!?

なんだかんだ鬼の大将は退場しました

209 ヒヨコの ひよけ

210 カラスが カラカラっす

おやじギャグで むかしばなし
宝物は田からとれたモモでした

217 ヒラメがひらめいた

どんなアイデアかしらね

218 イワシにも言わして

こちらも何かひらめいたのかしら

おやじギャグでむかしばなし
金太郎が一言「できんだろう？」

さぁーもんだい！

どや！

219
サバイバルでサバいばる

220
サーモンのクイズ「さーもんだいです」

おやじギャグでむかしばなし　たくましいクマ

221 あっさりしたアサリ

いいダシが出るのよ

222 サザエのささえ

ささえてもらうより、食べるほうがいいな

おやじギャグでむかしばなし： すもうに勝って森にすもう

223 アワビのおわび

224 サンゴのタンゴ

おやじギャグでむかしばなし
浦島太郎が一言「うらにしまったろう？」

227
タコどこ？いたタコ！

228
カツオに勝つ男

230 たしかにカニだ

229 川にワニ

海にもワニはいるだよ

このハサミ、まちがいない!

おやじギャグでむかしばなし: 乙姫さまはおトイレに行きました

231 高めのカメ

232 ドジョウの道場

おやじギャグでむかしばなし
玉手箱をだまってバコっとあけました

236
コイのコイン

235
なさけないサケ

おやじギャグでむかしばなし
めでたし…わ〜！　サメ出たし！

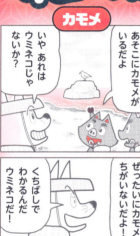

237 はやきゅ野球しよう

238 せんしゅのいい選手

「メンバーがあつまらないだよ」

「センスのよさは大事だな」

おやじギャグでスポーツじっきょう
ボールをこっちにほーるな！

240 バットをかばっとる

239 てんぐのバッテング

おやじギャグでスポーツじっきょう　すみません。たまたまです

242
3球でサンキュー

241
エースが調子ええっす

そろそろゴロが来るころだ

243 ボールひろいをさぼーる

244 キャッチャーにみっきゃっちゃった

ちがう！さぼってたのはゾロリだ！

ずるしちゃだめだよ！

おやじギャグでスポーツじっきょう ほら、いいところにゴロが来た

245 二刀流に似とる理由

246 メジャーに行くのがゆめじゃー

おやじギャグでスポーツじっきょう　じゅんばんで審判をしよう

247
フェンスはもうふぇんす

248
ピッチャーにぴっちゃり

> 金がかかるからできん！

> やる気のある人がいいですね

おやじギャグでスポーツじっきょう
ちゃんと審判できるかしんぱいだ

249
外野(がいや)が いいや

250
せんたーく してるセンター

おやじギャグで スポーツじっきょう
外野(がいや)のはしまで走(はし)れー！

251 ショートが しょーっと 近づく

ランナーに そーっと…

252 サードは さあどうする

来たボールを とるだけだ！

おやじギャグでスポーツじっきょう ラン♪ ラン♪ と走る

253 まさか朝からサッカー?

254 コーチがこおっちゃう

早おきしてスポーツするの気もちいい!

この人も、おやじギャグのせいで…?

おやじギャグでスポーツじっきょう
サード! さっとゴロをとれ!

255 キッカーになったきっかけ

256 パソコンでパス来ん

さあ、どーかな?

257
うわ！手なげえ上手投げ

258
相撲をやすもう

すやぴ〜

キャッチャーが茶をこぼす

259 土曜の土俵

家族いっしょにみましょうね

260 横綱をよごすな

ポスターにコーヒーこぼしちゃった…

おやじギャグでスポーツじっきょう　ピッチャーがびちゃびちゃです

261 親方のやかた

でっかい家にすんでるにちがいない！

262 けいこして池行こ

土俵でするもんじゃないだか？

おやじギャグでスポーツじっきょう
ばったり、バッテリーに会う

263
師匠の料理おいししょう

264
ちゃんと食べるちゃんこ鍋

あのバッテリー、いばってるー

265
卓球したきゅうなった

266
スマッシュしまっしゅ

おやじギャグでスポーツじっきょう　アウトだけど君に会うとうれしい

267
大会に出たいかい？

268
友情で優勝

なんの大会か教えてほしいだ

うぉぉー！あついぜ!!

おやじギャグでスポーツじっきょう でも君はアウトになっても、ウトウトしている

269 道場へどうじょ

とりあえず入門してみましょうか

270 ブドウの武道家

食べつくして、わしの勝ちじゃ

ライトのあたりはくらいと思う

271
竹刀で試合しない？

272
剣道ならまけんどー

おやじギャグでスポーツじっきょう
ライトがないとつらいと

273
空手（から て）だからってからかってる？

274
黒帯（くろ おび）のくろうびっくり

くろうしたぜ…
うう…

くす くす

センターにまかせんたー

275
しゅぎょい修行した

276
金メダルを決めだるぞ

おれに勝てるかな?

ドキドキの決勝戦でしゅね

おやじギャグでスポーツじっきょう
センターにとらせんたー

277
筋肉が
つきにくい

278
スクワットで
おなか
すくわっと

トレーニング
してるだけじゃ
だめよ

ごはんをしっかり
食べるのよ

おやじギャグでスポーツじっきょう
ショートに小動物がいる

280
マッチョが
まっちょる

279
バーベルを
食（た）べーる

おやじギャグでスポーツじっきょう　しょーとうすばやいぞ

281 鉄道の仕事をてつどう

282 社長が車掌

電車がいっぱい見られていいわね

ひとりでやってる鉄道会社？

スパイクはいてスーパー行くな

283
乗車する おじょうしゃん

284
モノレールにも のれーる

ごきげんよっ
のりのり
ひとりでのれた

おやじギャグでスポーツじっきょう
スパイクはいてればだれでもすっぱいくらいある

285
ブルドーザーを売るぞーじゃー

286
クレーンをあげてくれーん

おやじギャグでスポーツじっきょう: セカンドがせこいど

288
トラックのると
らっくらく

287
ショベルカーと
しゃべるかー？

もくてきちに
すぐついただ！

おれさまがかいぞうして
しゃべれるようにしたぜ

セカンドがせがんどる

289 くるまれた車

プレゼント用につつんだだか?

290 わたくしのタクシー

ていなことばづかいだな

おやじギャグでスポーツじっきょう　バッターがねばったー

291
バス停にのばす手

292
バイクのそば行く

おやじギャグでスポーツじっきょう
バッターがんばったー

293
ボートでぼーっとする

天気がよくて気もちよかったですよ

294
クルーザーが来るーざー

あれがわしの船じゃ

エラーして、えらーいこっちゃ

296 潜水艦のセンスいかん

295 客船をかくせん

エラーしても、えらーそうにする

297
いかだが イカだ

298
ヨットで よっとる

なんかぬるぬるした のりごこちでしゅ

海の男は船よい なんかしない！

外野まで、きょりが長いや

やめて〜
くるくるりん♪

299
かじ切った カジキ

300
しんちょうな 船長（せんちょう）

おやじギャグでスポーツじっきょう
内野（ないや）をまもるしかないや

303
エスカレーターで出すカレーだー

304
エレベーターにならべーたー

おやじギャグでスポーツじっきょう　スライダーなげるのはつらいだー

305
名探偵が目(め)いたいって

306
パトロール中(ちゅう)にハト通(とお)る

ストライクとれたらコンビニエンスストア行(い)く？

307
アイドルがないとる

かんどうしちゃったのね

308
ダンスだんだん好きになる

すきなことはつづけられるよね

おやじギャグでスポーツじっきょう
フォアボールなら大しきゅうあつまれ！

おのれ

まきものを
なくしたで
ござる…

310
武士のこぶし

309
忍者の責任じゃ

おやじギャグで
スポーツじっきょう　ヒットうった人

311 ちょんまげを超まげる

312 校庭の皇帝

めちゃくちゃおこられそうだな

よくわからないけど、なんかかっこいいだ!

ホームランうったのオウムじゃん

313
だいじな大臣

314
総理のぞうり

日本のでんとう美だ！

こちらに…

おやじギャグでスポーツじっきょう
点差をつける天才

315
総理がソーリー

316
大統領にだいこうひょう

ちゃんとあやまれるのは大事だよな

何かおいしいものでもあげたっだか？

おやじギャグでスポーツじっきょう
三振とったらかんしんだ

317
ボーカルは
もうかる

318
ギターひくの
あぎたー

さよおならヒットだ〜

319 あのベースやべえっす

とっても上手（じょうず）なえんそうです

320 指揮者（しきしゃ）はふしぎじゃ

おおぜいの人（ひと）をまとめるのはたいへんじゃ

試合終了（しあいしゅうりょう）です。おしあい

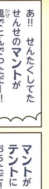

321
日本の海にとびこめ。じゃっぱーん！

322
韓国に観光来る？

行ってみたいだ！

太平洋でおよぐのはたいへんよ〜

おやじギャグ春夏秋冬で はるばる春がやってきた

323
アジアの味や

324
チャイナへ
旅しちゃいな

花粉症になってギャフン！

325
台湾に行きたいわん

326
モンゴルでうまいもんおごる

「ありがとう！はらペコだったんだ」

「おいしいものがいっぱいあるだか？」

3月3日は、ひなまつりの日な

327 タイにも行きたい

328 体育でタイ行く？

タイにいくぞ～！
ピッピッ
お！
お！

春休みにかべにはるやつ見にいく

329
インドのワインどう？

なかなかおいしかったや

330
スリランカはむりなんか？

むりじゃないです。行けますよ

おやじギャグ春夏秋冬　うつくしすぎるつくし

331 ネパールでねばーる

332 イランに入らん?

菜の花がきれいなのはなぜ?

333 カタールで語る

どんな話したんでしゃかね

334 オマーンのおまんじゅう

うまーい！もっともらうぞ

さくらの花がさくらしい

335
シリアの知り合い

336
ジョージアは上手（じょう）や

ちょうちょをとってちょうだい

337 アイスランドにあいつおらんど

338 ノルウェーでのる「ウェーイ！」

こいのぼりの色がこいみどり

339
デンマークの電話あく

340
EU(イー)でいい湯だな

あ、つぎはわたしの番ね！

温泉はどこで入っても気もちいいわ

母に日にヒヒの歯をおくる

341
イギリスで胃ギリっす

342
オランダにはおらんだ

梅雨にハッピーバースデーツーユー

343
ベルギーで食べる気ー？

344
フランスで売らんす

チョコレートとワッフル食べるよ

ゾロリちゃん、お金なくなっちゃったのかしら

母さんのかさ

345 モナコのもなか

346 ドイツでどいつにする？

和菓子（わがし）も売ってるのか!?

なかなかおみやげがきまらないだ

おやじギャグで春夏秋冬（はるなつあきふゆ）
海（うみ）がうつくシー

347
スイスのやすいイス

348
ポルトガルにボートがある

かき氷が好きな赤き子鬼

349 イタリアにいたいんや

350 ロシアの風呂じゃ

体があったまったぜ!!

ずっといちゃだめだか?

このクーラー、いくーらー?

351 ハンガリーのハンガーいい

352 ギリシャのおにぎりじゃ

おやじギャグ春夏秋冬で 七夕に見たな、バッタ

ドラキュラはぜったいいるぜ！

354
トルコでおどる子

353
ルーマニアにいるマニア

夏休みはナッツ安い

355 クロアチアのクロアリや

アリはハチの なかまなんですよ

356 チェコのチョコ

ブルルチョコより うまいのか？

おやじギャグで春夏秋冬 スイカは安いか？

357
カナダの
さかなだ

358
アメリカの
あまりか？

とりかえない？

うちわをつかうチワワ

359 アラスカをあらすな

シロクマに おいかけられたでしゅ

360 ハワイではわーい！

うたげでも やってるのか!?

花火大会だけど鼻見たいかい？

364 キューバでスキューバ

363 ドミニカとミニカー

おやじギャグ春夏秋冬 ゆかたが買えてゆかったなぁ

365 コロンビアでころんだ

足(あし)もとはよく見(み)て歩(ある)きましょうね

366 チリでばっちり

かいけつゾロリのいいアイデアがうかんだぞ

トンボのテンポ

369 モロッコのトロッコ

370 アルジェリアにあるゼリーや

のってみたいけど、あるのか？

フルーツのゼリー食べたいだ！

おやじギャグで春夏秋冬　柿の木のバットで「カキーン！」

371 エジプトで絵、自分と?

372 アフリカで会う日か

新米にどんまい

373 サバンナでさぼんな

374 ガーナのふりがーな

> けしきに見とれてただけだよ

> カタカナか？ひらがーなか？

月に立つ気？

375
ウガンダで思いうかんだ

376
毛にあるケニア

おやじギャグ春夏秋冬で さんまの三枚おろし

王子です！よびました？

377 オージーの王子

378 トンガでとんがる

クリを買ってくり！

381
太陽見たいよう

382
月につきました

かぼちゃのおめんをかぼっちゃお

385
星がほしー

きれいだから
ほしくなるね

386
水星がうすいぜい

ここからだと、
ぼんやりとしか
見えないね

おやじギャグ春夏秋冬で
きのうここで見たキノコ

387
金星で貯金せい

388
地球でまちきゅうたびれた

389
火星（かせい）は まかせいなさい

たのもしいガイドさんがいるのね

390
わあ！くせい惑星（わくせい）

ちょっと行ってみたくなるよね

おやじギャグ春夏秋冬で こたつから出るのにもたつく

392
土星で
どっせーい！

391
木星もくせい

アルミかんの上にあるミカン

393 UFOの天気ゆほう

394 エイリアンの絵入りやん

宇宙に天気って あるのか?

宇宙みやげに ほしいだ

おやじギャグで春夏秋冬　サンタクロースさんざんくろうする

396
いい席に いん石

395
正座した星座

クリスマスもいつもどおりくらします

おいで

ゾンビだから おそいの。

ぼちぼち

397
ホラーな ほらあな

398
ぼちぼち墓地につく

くつ下にうつした

399
ゾンビと あぞんびたい

ゆっくり
鬼ごっこするだ

400
ガイコツが かいけつ

かいけつだと!?
くっ、
ソロリじゃなかった

年末のねんぶつ

401 ゴーストのトースト

402 鬼のおにぎり

なにそれ

こんがりゴースト

おやじギャグ春夏秋冬
初日の出はあついのでは？

403 高二の小鬼

ようかい学校の卒業生かもしれません

404 未来にミイラいた？

タイムマシンでひともうけするか

おやじギャグ春夏秋冬
正月に超勝つ

405
悪魔(あくま)あくまでも

406
天(てん)使(し)に勝(か)てんし

おもちをもち出(だ)す

407
妖怪に用かい？

408
魔法をつかいまほう

おれさまに通用するかな？

用ないでしゅ

お年玉をおとしたわ…

409
ナイトが
いないと

410
賢者は
まけんじゃ

お雑煮をゾウにあげる

411
剣士も まけんし

412
戦士が いませんし

にげちゃったのかしら…

むりしない ほうがいいわね

おせちのおせじを言う

セーっ
しんぴんだぜ！

414
かぶとは
かぶっとけ

413
刀買（かたなか）ったな？

おふくろの手（て）ぶくろ

415 サーベルを食ーべる

まねしちゃだめよ

416 ヤリにヒヤリ

ギリギリでかわして、ニヤリ

おやじギャグ春夏秋冬　初もうでまで休もうで

417 海ぞくの家族

418 サバとるバトル

とったもんがち

おみくじを9時にひく

419
ダメージはダメーじゃ

「これいじょう食らったら、たおれるぜ」

420
あたたかい たたかい

「ほめ言葉を言いあうんたか?」

こまが回らずこまった

422
サイボーグの
ダサい防具

421
ボロボロの
ロボ

雪がっせんでゆうき出せん

423
宝があったから

424
金(きん)かいはあきんかい?

お金(かね)だけがすべてじゃないぜ!

さっきまであっただか!?もうないだよ…

雪(ゆき)だるまはゆうきあるわ

とどめのおやじギャグ 10連発！

ごちそうでほっぺおちそう！
おおもりでおもい〜

トマトがまとまっとる…
とまとまかな？

へー、びっくりした！
だいじゃだ！だいじゃーぶかー？

ふくがすっごくふくらんだ…
ふーくるしぃ…

まさかなー、さかなじゃないよな？
ゴミでした。ごみんなさい…

かいけつゾロリの
おやじギャグメガもりMAX600連発

2025年2月　第1刷

原作	原ゆたか（「かいけつゾロリ」シリーズ ポプラ社刊）
まんが	大崎亮平
イラスト	伊東ぢゅん子　いわた まさよし　フジサワミカ
デザイン	株式会社ダイアートプランニング
校正	崎山尊教
協力	一般社団法人日本だじゃれ活用協会
発行者	加藤裕樹
編集	柘植智彦
発行所	株式会社ポプラ社 〒141-8210 東京都品川区西五反田3-5-8 JR目黒MARCビル12階
ホームページ	www.poplar.co.jp
印刷・製本	中央精版印刷株式会社

ISBN978-4-591-18512-4
N.D.C.798 ／ 239P ／ 19cm ／ Printed in Japan
© 原ゆたか／ポプラ社・BNP・NEP

落丁・乱丁本はお取り替えいたします。
ホームページ（www.poplar.co.jp）のお問い合わせ一覧よりご連絡ください。
本書のコピー、スキャン、デジタル化等の無断複製は著作権法上での例外を除き禁じられています。
本書を代行業者等の第三者に依頼してスキャンやデジタル化することは、たとえ個人や家庭内での利用であっても著作権法上認められておりません。

P4900399